Extrait des *Mémoires de la Société Nationale d'Agric[ulture]*
Sciences et Arts d'Angers

La Cour d'Appel

ET

L'Hôtel de Ville d'Angers

(1800-1885)

PAR

F. UZUREAU

Directeur de l'*Anjou historique*

ANGERS

G. GRASSIN, IMPRIMEUR - ÉDITEUR

40, rue du Cornet et rue Saint-Laud

—

1913

Extrait des *Mémoires de la Société Nationale d'Agriculture, Sciences et Arts d'Angers*

La Cour d'Appel

ET

L'Hôtel de Ville d'Angers

(1800-1885)

PAR

F. UZUREAU

Directeur de l'*Anjou historique*

ANGERS

G. GRASSIN, IMPRIMEUR-ÉDITEUR

40, rue du Cornet et rue Saint-Laud

1913

La Cour d'Appel et l'Hôtel de Ville d'Angers

(1800-1885)

La loi sur l'organisation des tribunaux, promulguée le 18 mars 1800, établissait un tribunal de première instance dans chaque arrondissement, et un tribunal criminel dans chaque département. De plus, 29 tribunaux d'appel étaient créés, dont un à Angers pour les départements de Maine-et-Loire, de la Sarthe et de la Mayenne.

Ces trois tribunaux furent installés, mais non sans de grandes difficultés, dans le *palais de justice*, situé sur la place des Halles. Construit en 1532, il a été démoli en 1904.

Dès le 14 avril 1800, le ministre de l'Intérieur écrivait au citoyen Montault, préfet de Maine-et-Loire, de préparer un local pour le tribunal d'appel. Le préfet répondit le 14 mai : « Il sera indispensable que le tribunal d'appel siège provisoirement dans la salle du tribunal civil, et celui-ci tiendra son audience dans la salle du tribunal criminel, qui n'est occupée que quelques jours dans le mois. Mais cet arrangement ne pouvait être définitif. Je me suis donc occupé de chercher un local qui réunît en même temps la décence et la commodité pour le tribunal d'appel. — Parmi tous les établissements nationaux qui sont dans cette commune, un seul présente le plus d'avantages. C'est le *Collège* (aujourd'hui l'*Hôtel de Ville*).

Ce bâtiment est bâti depuis plus de cent ans; il ne consiste que dans des classes voûtées au rez-de-chaussée, au-dessus deux grandes salles qui n'ont d'autre couverture que le toit en ardoises, sans aucun autre logement qui puisse être habité. Il n'est d'aucune utilité pour la nation et ne peut présenter qu'une ressource très médiocre pour la location, ne pouvant servir qu'à des magasins et étant situé dans une rue d'un abord difficile au transport. J'en ai fait lever le plan et ai fait faire un devis des ouvrages qu'il y aurait à faire. Si vous jugez convenable de l'exécuter, soit dans sa totalité soit dans ses parties, vous voudrez bien l'approuver et me le renvoyer (1). »

Le 6 mars 1801, le préfet revint sur ce sujet dans une lettre au ministre de la Justice, à l'occasion du prochain établissement à Angers du *tribunal spécial*.

L'affaire suivait son cours, quand on s'aperçut que le *Collège*, au lieu d'appartenir à l'État, était une propriété de la ville d'Angers. Le 18 septembre 1801, le préfet mandait à ce sujet au ministre de l'Intérieur : « La maison du *Collège*, dans laquelle on vous propose d'établir le tribunal d'appel, ne fait point partie du domaine national. Elle appartient à la commune d'Angers (2),

(1) *Anjou Historique*, tome III, pages 397-399.

(2) Le 13 août 1803, le maire d'Angers écrivait au préfet : « J'ai l'honneur de vous accuser réception de votre lettre d'avant-hier, qui m'autorise à disposer au profit de la commune de l'ancien collège de cette ville, dont elle est propriétaire. Demain, je conférerai avec le Conseil municipal sur les moyens d'utiliser ce local. » — Le 25 janvier 1806, nouvelle lettre du maire au préfet : « Depuis la Révolution, le bâtiment de l'ancien collège de cette ville appartenant à la commmune, ne servant à rien, dépérissait sensiblement. Les dispositions prises par le Gouvernement pour l'instruction publique, ne permettant pas de le rendre à sa première destination, je me proposai d'en tirer le parti le plus avantageux possible... » Il continuait en parlant des réparations à faire à cet immeuble.

qui consent à faire ce sacrifice, en considération des
avantages que l'établissement de ce tribunal lui promet.
La commune ne devant point en retirer un prix de loyer,
on ne peut exiger qu'elle contribue aux réparations que
cet établissement exige; la situation de ses finances ne
le lui permet pas. Il paraît juste d'en faire supporter la
dépense par les trois départements qui forment l'arrondissement du tribunal. Je me flatte que le devis de ces réparations que je vous ai transmis le 19 thermidor dernier
(7 août 1801), obtiendra votre approbation, et que vous
m'autoriserez à faire exécuter les ouvrages qui y sont
mentionnés. »

Le deuxième préfet de Maine-et-Loire, le citoyen
Nardon, eut une autre idée : transférer au château
d'Angers les trois prisons de la ville, ainsi que le tribunal
criminel. Voici comment il s'en exprimait dans une lettre
du 12 février 1803 au Ministre de l'Intérieur : « Depuis
son institution, le tribunal d'appel n'a point de local
qui lui soit propre, et il siège précairement dans celui du
tribunal criminel, ce qui n'est pas seulement de la dernière indécence, mais entraîne encore l'inconvénient
infiniment grave d'arrêter le cours de la justice. Il est
arrivé plusieurs fois, en effet, que la session du tribunal
criminel ou spécial s'étant prolongée plus qu'à l'ordinaire,
le tribunal d'appel ne put monter et rédigea procès-
verbal de cet empêchement. — Frappé d'un état de
chose aussi inconvenant, mon prédécesseur vous soumit,
le 4 frimaire an X (25 novembre 1801), un plan qui con-
sistait à placer le tribunal d'appel dans les bâtiments
du ci-devant Collège d'Angers, ce qui nécessitait une
dépense de 25 à 30.000 francs. Vous voulûtes bien
approuver ce projet (2 février 1802) et vous consentîtes à
ce qu'il fût exécuté. Le défaut de fonds n'a pas permis
d'ouvrir les travaux, malgré les instances trop fondées

du tribunal d'appel; et l'on doit aujourd'hui s'en applaudir, puisqu'on peut le laisser dans le local occupé par le tribunal criminel, qui sera transféré sans frais au château d'Angers. »

Le nouveau projet n'aboutit pas, et en 1805 le préfet mandait au ministre que n'ayant point encore de local particulier pour la tenue de ses séances, la Cour d'appel était obligée de « siéger par emprunt tantôt au palais de la Cour de justice criminelle, tantôt à celui du tribunal de première instance ».

Nouvelle lettre du préfet au Ministre de l'Intérieur, le 17 août 1808, pour lui proposer de construire au-dessus des Halles les salles et appartements nécessaires à la tenue des audiences, interrogatoires, greffe, etc., de la Cour d'appel, parce que la maison Poirier, dans laquelle la Cour avait son greffe, ses chambres d'interrogatoires, de jurés, témoins, etc., avait été démolie d'urgence tant à raison de son délabrement que pour le passage du cortège de Sa Majesté (1). Il ajoutait : « La Cour de justice criminelle, forcée par cette circonstance d'abandonner son prétoire, désormais insuffisant, a été provisoirement établie à la *maison commune* », située en face du palais de justice et dont les bâtiments subsistent encore aujourd'hui.

On ne fit point la construction demandée, et les choses restèrent en l'état. Mais en 1810, on s'occupa de nouveau de la question de fournir un local à la Cour d'appel. Le Conseil municipal nomma une Commission, qui se transporta au commencement de juillet chez le préfet afin d'avoir de lui des communications. Rendue à la préfecture, elle trouva réunis le premier président

____

(1) Napoléon Ier arriva à Angers le 11 août 1808 et en repartit le lendemain (*Anjou Historique*, VII, 437-445).

et plusieurs conseillers de la Cour, ainsi que plusieurs membres du Conseil général et le maire.

Le préfet développa à la Commission les avantages qui résultaient et devaient résulter pour la ville d'Angers de l'érection d'une Cour supérieure; pour la conserver, il était indispensable et urgent de lui fournir un local convenable et décent, tant pour la Cour de justice civile que pour la tenue des assises, et il finit par demander quel était le local que la ville avait à proposer. Il fut question du Ronceray et ensuite de Toussaint. Le premier président répondit que ces locaux ne convenaient pas, qu'il importait que les tribunaux fussent centralisés. La Commission proposa enfin le Collège; il fut trouvé insuffisant pour y réunir la Cour d'appel et celle d'assises, qui devaient l'être, vu qu'il n'y avait qu'un même greffe. Le préfet alors dit qu'il ne voyait de moyen de parvenir au but proposé que celui de céder l'Hôtel de Ville actuel (1), lequel par sa situation escarpée n'était pas susceptible d'amélioration ni d'augmentation sans des frais énormes; transportant la mairie au Collège, le local offrait toutes sortes de moyens de s'agrandir et de décorer quand les moyens de la commune le permettraient, et quant à présent, il y avait en bâtiments tout ce qui était nécessaire pour l'établissement de la mairie. Il évaluait à 20.000 francs les portes et croisées à fournir, les cloisons, ouvertures à faire et à boucher, changement de distributions, escalier, l'établissement des rayons, et y compris la translation du mobilier.

Sur cette assertion, la Commission ne se trouvant pas d'accord fit des observations dans le sens des intérêts de la ville et ne manqua pas de mettre en ligne de

____

(1) C'est-à-dire le local occupé aujourd'hui par le *Musée paléontologique*, l'*Herbier Lloyd*, etc., place des Halles, n° 41,

compte la perte d'un revenu de 2.000 francs qu'était alors affermé le Collège.

Le préfet ne manqua pas non plus de faire considérer la dépense que la ville se trouvait obligée de faire à son hôtel actuel en le conservant, et chercha à en faire une compensation avec la perte du revenu des bâtiments du Collège

La mission de la Commission ayant été de prendre ces communications qui se bornèrent là, se retira. Se trouvant alors éclairée par la discussion qui s'était engagée, son opinion se forma suffisamment sur le parti qu'il était plus convenable de prendre; elle entra dans les diverses considérations qui militaient en faveur de la translation de la mairie au Collège, considérations qu'elle consigna dans le rapport annexé au registre des délibérations à la date du 7 juillet 1810. Le même jour, le Conseil municipal offrait de céder le local actuel de la mairie pour une somme de 125.000 francs.

En conséquence de cette délibération, le préfet fit dresser un projet pour l'établissement de la Cour d'appel à l'Hôtel de Ville et des autres tribunaux à l'ancienne maison de justice. Ces projets furent envoyés le 4 février 1811 au Ministre de l'Intérieur et soumis au Conseil des bâtiments civils. Le Conseil refusa de les adopter comme étant trop dispendieux. Le 10 septembre 1812, de nouveaux plans furent envoyés au Ministre par le préfet avec invitation de vouloir bien les approuver et l'autoriser à en faire commencer l'exécution si longtemps attendue.

Le Ministre de l'Intérieur décida en principe, le 3 octobre 1812, que la Cour d'appel serait placée à l'Hôtel de Ville et que la Cour d'assises et le tribunal de première instance occuperaient le palais de justice. Quant aux travaux d'appropriation de ces deux édifices, le Conseil des bâtiments civils, avant d'émettre son opinion définitive, demanda plusieurs pièces et modifications. Le Ministre, dans sa lettre du 19 décembre 1812, invita le préfet à faire modifier le projet d'après les observations du Conseil des bâtiments civils et à lui transmettre, pour compléter l'instruction de l'affaire, tous les plans et devis indiqués par le Conseil.

Le 8 mars 1813, l'architecte Binet fut chargé de lever les trois plans demandés. Il en dressa un seul et s'arrêta là.

En octobre 1814, le préfet écrivit au Ministre de l'Intérieur pour s'informer d'où en était cette affaire. On répondit qu'elle en était au même point où elle se trouvait au 3 octobre 1812 et que le Ministre n'avait point reçu les pièces et les plans qu'il avait renvoyés pour être rectifiés.

La série d'événements qui depuis ce temps se succédèrent si rapidement, et à la suite de cela les incertitudes, firent ajourner ce double projet.

En 1818, le Conseil municipal, partageant avec ses concitoyens la satisfaction que leur causait la conservation de la Cour royale (1), revint au principe de la translation (2) et chargea l'architecte-voyer de dresser tous

(1) On lit dans le *Journal de Maine-et-Loire* du 3 juin 1817 : « Le Conseil général de Maine-et-Loire a réclamé dans sa dernière session contre un projet que l'on dit exister, tendant à la suppression de la Cour royale d'Angers. La conservation de cette Cour importe d'autant plus aux Angevins et aux justiciables du ressort en général, que l'on s'aperçoit depuis quelque temps d'un accroissement sensible dans les affaires. Les chambres civiles ont peine à suffire à présent à l'expédition de toutes les causes; on a remarqué que, dans le courant du mois de mai 1817, il a été porté à leurs audiences solennelles trois questions d'état du plus haut intérêt, dont chacune n'a pas rempli moins de cinq ou six journées de plaidoirie. »

(2) Une grande partie de l'hôtel de la mairie était occupée par la Cour d'assises : plusieurs bureaux étaient confondus ensemble, ainsi que les appartements pour le maire et les adjoints. D'autre

les plans demandés par le Conseil des bâtiments civils six ans auparavant.

Nous avons vu que le Ministre de l'Intérieur avait décidé en principe, le 3 octobre 1812, que la Cour d'appel serait placée à l'Hôtel de Ville et que la Cour d'assises avec le tribunal de première instance occuperaient le palais de justice. Le président des assises n'en écrivait pas moins au Ministre, en janvier 1819, pour qu'on transportât la Cour royale dans les bâtiments du Collège. Prié de donner son avis, le préfet répondit au Ministre de l'Intérieur, le 3 février 1819 : « Les plans actuels sont, au contraire, de transférer la mairie au Collège et d'abandonner l'Hôtel de Ville à la Cour royale, qui déjà en occupe une partie. Ces projets connus et médités sous l'administration de M. Hély d'Oissel, qui avait été préfet à Angers pendant cinq ans, se combinent avec ceux déjà réalisés de former des boulevards et de niveler une immense place dit du Champ-de-Foire. J'ai donc toujours pensé que leur ensemble devait s'exécuter, n'y aurait-il eu d'autres motifs que de ne pas innover toujours. Il y en a d'infiniment pressants pour appuyer mon opinion : 1° En plaçant la Cour royale à l'Hôtel de Ville, on réunit tous les tribunaux, car en traversant la rue on trouve, vis-à-vis, le tribunal de première instance et le local destiné à la cour d'assises; 2° la ville seule peut faire pour son embellissement les dépenses nécessaires pour terminer le bâtiment du Collège, acheter et démolir un îlot de maisons qui le masque dans toute sa longueur et pratiquer les constructions qui doivent clore du côté des boulevards et du Champ-de-Mars le terrain qui doit former la cour. »

part, il était nécessaire d'y faire diverses réparations; mais la maison étant destinée à être occupée par la Cour royale, on ne pouvait entreprendre aucune réparation.

Cette lettre remit les choses au point (1), et le 5 mars
le Ministre pria le préfet d'inviter le maire à prendre
toutes les mesures nécessaires pour que la translation
de la mairie dans les bâtiments du Collège ait lieu avant
le 1er juillet 1819.

L'affaire allait être enfin réglée, après tant de tergi-
versations, lorsqu'une nouvelle difficulté fut soulevée au
sujet de la propriété du Collège.

Le 28 mai 1819, le directeur des Domaines d'Angers
écrivait au maire : « La maison dite du Collège dépendait
des ex-Oratoriens. Elle aurait dû passer sous la main
du Domaine, à l'époque de la suppression de cet ordre.
Cependant la Ville d'Angers en a conservé la jouissance.
Le directeur général de l'enregistrement me demande
à quel titre la commune dispose ainsi de ce local, et
pourquoi il n'a pas subi le sort commun aux autres
biens des Oratoriens. Je ne trouve aucun arrêté, aucune
loi qui puisse motiver la possession de la Ville d'Angers;
mais comme je suis persuadé qu'elle est fondée, en titre
je vous prie de m'indiquer sa date et même de m'en
adresser copie. »

De son côté, le préfet mandait au maire, le 9 juin :
« Le Ministre de l'Intérieur, en m'entretenant de nou-

(1) Le 1er juillet 1819, le maire écrivait à M. Papiau, député,
ancien maire d'Angers : « La Cour royale ou plutôt quelques-uns
de ses membres, parmi lesquels on compte peu d'Angevins, ont un
grand désir, pour couper court à toutes les lenteurs inséparables
de la marche des affaires administratives, d'obtenir le Collège
pour palais de justice. M. le Procureur général appuie de toute
son influence auprès du ministère la conclusion de cette négocia-
tion; il y est puissamment engagé par M. le premier Président,
qui aurait de plus l'intention d'obtenir la disposition de l'hôtel
Lautivy pour en faire le logement fixe de lui et de ses successeurs. »
Le 23 juillet 1819, le Ministre des Finances renvoya au préfet
une nouvelle demande du premier président, tendant à ce que la
maison du collège fut employée au placement de la Cour.

veau des projets relatifs à la translation de la Cour royale dans les bâtiments de l'Hôtel de Ville et de la mairie dans ceux du Collège, me prie de faire vérifier et de lui faire connaître à quel titre la ville possède le Collège et si ce titre est incontestable. »

Après avoir fait faire des recherches dans les archives départementales et municipales, le maire répondit au préfet, le 17 juin 1819, par l'intéressante lettre suivante, que nous reproduisons *in extenso*.

« J'ai l'honneur de vous informer, en réponse à votre lettre du 9 de ce mois, que la ville est propriétaire du bâtiment dit du *Collège*, pour l'avoir fait bâtir et reconstruire à diverses époques, et notamment en 1690.

« Le procès-verbal d'adjudication des travaux en date du 1er août 1690 porte « que le prix en sera payé sur les deniers d'octroi de cette ville, conformément à l'arrêté du 5 février 1689 », d'après lequel il a été permis « aux maire et échevins de la ville d'Angers de continuer la levée des nouveaux octrois... pendant quatre années qui commenceront... pour être les deniers qui en proviendront employés au rétablissement du Collège des Pères de l'Oratoire. ..

« Si, d'après ces pièces qui sont bien selon moi des titres de propriété, surtout lorsqu'ils sont appuyés d'une jouissance aussi longue et non interrompue, on mettait encore en doute les droits de la Ville sur le bâtiment dont il s'agit, il suffirait de se reporter à un acte notarié du 9 mai 1684, passé devant Me Gaudicher, notaire royal à Angers, et on y verrait que Messieurs les maire et échevins, sur la représentation qui leur fut faite alors de l'état de ruine où se trouvait ledit collège, se seraient engagés par ce même acte à le faire reconstruire (ce qui a eu lieu, d'après l'adjudication ci-dessus relatée), à condition : 1º « que sur la principale porte dudit collège

et à l'endroit le plus éminent, les armes du roi, de la ville
et de M. le Maire d'aujourd'hui seront posées et gravées
sur pierre de rairie ; 2º que les prêtres de l'Oratoire
entretiendraient ledit collège et bâtiments en dépendant,
de toutes réparations, grosses, moyennes et menues, quand
il sera en état de continuer d'y enseigner publiquement ;
3º qu'au cas que lesdits prêtres de l'Oratoire se retire-
raient dudit collège et voulussent quitter l'instruction
de la jeunesse, ils ne pourraient le laisser ni le céder à
qui que ce soit, ni autrement en disposer, mais seraient
tenus de le remettre entre les mains desdits sieurs maire
et échevins, pour y pourvoir, ainsi qu'ils le jugeront à
propos. »

Le maire venait de prouver ses droits de propriété
de la manière la plus incontestable. C'est ce que le préfet
fit savoir au Ministre de l'Intérieur, le 19 juillet : « Le
maire m'a adressé copie d'un acte notarié, qui prouve que
la ville est propriétaire du Collège, puisqu'on y voit que
les maire et échevins se sont engagés à le faire reconstruire pour y établir le Collège, et qu'il y est dit que les
prêtres de l'Oratoire ne pourront rien changer à l'état
des choses que par l'autorité et consentement desdits
maire et échevins ; le procès-verbal d'adjudication des
travaux dont il s'agit, en date du 1er août 1690, porte
que le *prix en sera payé sur les deniers de l'octroi de cette
ville.* »

Battue sur ce point, l'administration des Domaines
prétendit que le Collège devait appartenir à l'Université,
en vertu du décret du 11 septembre 1808. Comme il
l'avait fait au ministère de l'Intérieur, le préfet fit connaître au Ministre des Finances les droits de la ville
à la propriété de cette maison, en lui envoyant de nou-
velles copies des titres du 9 mai 1684, du 5 février 1689
et de celui passé en 1690.

Le Gouvernement reconnut que la ville d'Angers, étant rentrée dans la propriété de cet immeuble à l'époque de la suppression de la congrégation de l'Oratoire, conformément à la clause de retour stipulée par l'Hôtel de Ville dans l'acte qui mettait ce bâtiment à la disposition des Oratoriens, ne pouvait être troublée dans sa jouissance par le puissant motif que la loi qui autorisait l'Université à se mettre en possession de tous les biens non vendus ayant appartenu aux corps enseignants était bien postérieure à celle qui avait supprimé les congrégations enseignantes. En conséquence, le 15 mars 1820, le Ministre des Finances écrivait au préfet : « Le directeur général de l'administration communale et départementale vient de me déclarer que les décisions rendues en 1812 et 1819 établissent suffisamment que le Ministre considérait la ville comme légitime propriétaire du Collège, et que rien n'empêchait l'autorité municipale de s'y établir. Cet avis étant partagé par l'administration des Domaines et par le directeur général, l'affaire doit être considérée comme terminée. »

Au mois de juin 1819, le Ministre de l'Intérieur avait mandé au préfet : « Il serait à propos d'engager le Conseil municipal à faire *l'abandon gratuit* de l'Hôtel de Ville, à raison des avantages que l'établissement définitif de la Cour royale assure à la ville. Cette cession préviendrait bien des difficultés et avancerait beaucoup le moment où l'ancien hôtel pourra être réparé et disposé à l'usage de la Cour. » — En conséquence, le 11 juillet 1819, le Conseil municipal fit purement et simplement et sans indemnité l'abandon de l'Hôtel de Ville pour l'établissement de la Cour royale, à la seule condition que si, par un événement quelconque, le corps judiciaire venait à cesser de l'occuper, cet hôtel reviendrait à la ville et lui serait remis en toute propriété dans l'état où il se trouverait au moment de la sortie de la Cour, sans aucune répétition à raison des améliorations, réparations et augmentations que cet édifice aurait pu éprouver (*ce qui eut lieu en* 1885).

Le 29 septembre 1819, Louis XVIII autorisait le maire à acquérir, au nom de la ville, 23 maisons destinées à être démolies afin de démasquer les bâtiments du Collège.

Mais pour que la mairie pût s'installer dans les bâtiments du Collège, il fallait qu'ils fussent évacués par la Société qui y était établie; le maire était, en conséquence, entré en arrangement avec cette Société, à laquelle il loua, le 30 avril 1819, l'hôtel de Lantivy (1). Cet hôtel qui n'était pas habité depuis plusieurs années, avait besoin de réparations, et il les fit exécuter. Le 8 décembre 1819, le maire écrivait au président de la Société du Collège d'Angers : « L'Administration ayant arrêté que la translation de ses bureaux dans les bâtiments que vous occupez s'effectuerait très prochainement, je viens d'inviter le colonel de la garde nationale à évacuer vendredi prochain au plus tard les pièces où se tient l'état-major dans l'hôtel Lantivy, afin que votre Société qui doit les occuper, puisse s'y établir de suite. »

Le 10 décembre 1819, le Ministre de l'Intérieur approuvait le projet, montant à 54.949 francs, relatif à l'établissement de la Mairie dans les bâtiments de l'ancien Collège. L'adjudication des travaux et fournitures eut lieu le 14 novembre 1820, pour la somme de 40.422 francs.

Le nouvel Hôtel de Ville fut enfin inauguré le 22 septembre 1823 par la duchesse d'Angoulême, alors en visite officielle à Angers.

La Cour d'appel quitta alors le palais de justice pour

(1) Bail à ferme pour trois ans de l'hôtel de Lantivy à MM. de Ménage, de Manthelon et Prévost de la Chauvellière, à 1.700 francs par an.

s'installer dans l'ancien Hôtel de Ville (1), où elle est restée jusqu'en 1885. Le 16 octobre de cette année, eut lieu l'inauguration du nouveau palais de justice.

(1) La Cour d'assises quitta, en 1823, l'ancien Hôtel de Ville pour s'installer dans le palais de justice. Elle y resta jusqu'en 1839. A cette époque, elle s'installa dans une aile nouvelle de la Cour d'appel, vers nord, élevée par l'architecte Lachèse. En 1885, elle fut transférée au nouveau palais de justice.

En 1839, le Tribunal de première instance fut transporté dans l'ancienne salle abandonnée par la Cour d'assises, jusqu'en 1885.

Le Tribunal de commerce s'installa en 1839 dans le local abandonné par le tribunal de première instance. Il est aujourd'hui réuni aux autres tribunaux, au nouveau palais de justice.

Angers. imp. G. Grassin. — 689-13